Werner Färber

Kleine Geschichten vom Clown Coco

Illustrationen von Regine Altegoer

Loewe

Die Deutsche Bibliothek – CIP-Einheitsaufnahme

Kleine Geschichten vom Clown Coco / Werner Färber.
Ill. von Regine Altegoer. – 1. Aufl. – Bindlach : Loewe, 1998
(Lirum Larum Bildermaus)
ISBN 3-7855-3243-1

Dieses Buch ist auf chlorfrei gebleichtem Papier gedruckt.

ISBN 3-7855-3243-1 – 1. Auflage 1998

Umschlagillustration: Regine Altegoer

Inhalt

Der Zirkus kommt

Der kommt! Und Coco,

der , kommt natürlich auch.

Lange schon hat der auf

riesigen die

angelacht. Heute gehen ,

und an

den winkenden vorbei.

Ein  tuckert hinter

dem anderen. Jeder zieht einen

bunten   . Endlich halten

sie an. Wo steckt der  ?

Die  laufen von 

zu  . Im ersten wohnt

der  . Im nächsten der  .

Dahinter stehen die 

der  und  .

Der letzte  ist noch

bunter als die anderen.

An der  hängt ein 

.

Darauf steht: Coco, der  .

Als die  aufgeht, sind

die  enttäuscht. Ein ganz

normaler  kommt heraus.

„Wohnt hier nicht der  ?“,

fragt ein  . „Doch“, antwortet

der  . „Ich hole ihn.“

Die  müssen lange warten. Dann geht die  wieder auf. Vor ihnen steht Coco. Er hat lustige , eine rote 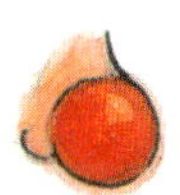 und viel zu große .

„Und wo ist jetzt der  ,

der dich geholt hat?“, fragt

ein kleines  . Der 

legt den  auf den  .

„Das wird nicht verraten.“

Wie im Spiegel

Der  spaziert durch die . Viele  und  sind unterwegs. Sie schleppen schwere .

Obwohl Coco keine  dabeihat, tut er so, als müsse auch er fürchterlich schleppen.

,  und

bleiben stehen und schauen

ihm zu. Der  sieht einen 

mit einem großen .

Der  zerrt heftig an der  .

Der  kann ihn kaum

halten. Coco macht den

nach. Er stolpert, als würde er

von einem  gezogen.

Dann macht der  den   nach. Mit hängender  und großen  läuft er auf 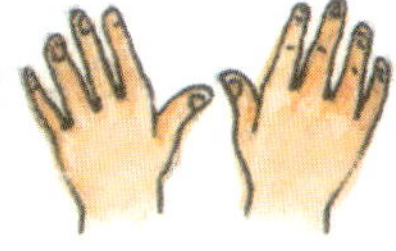 und . Dabei zerrt er an einer , die er gar nicht umhat.

Alle klatschen und lachen.

Der  verbeugt sich.

Eine junge  mit sehr

hohen  kommt vorbei.

Die  wackelt mit dem ,

dass einem schwindelig wird.

Coco geht hinter ihr her. Sein

 wackelt noch viel mehr.

Schließlich entdeckt der 

einen  in einem .

Der 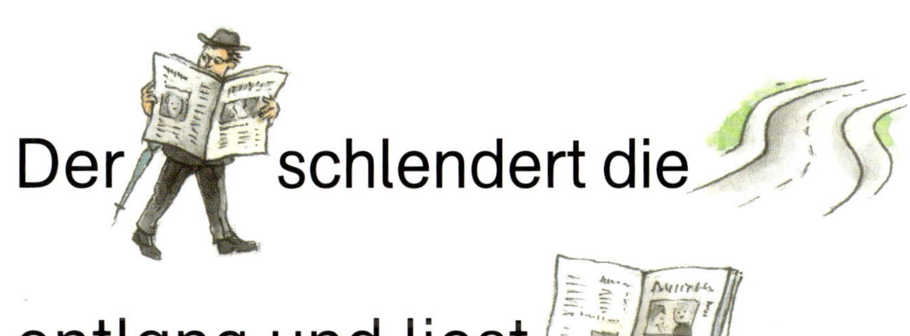 schlendert die

entlang und liest .

Coco breitet die 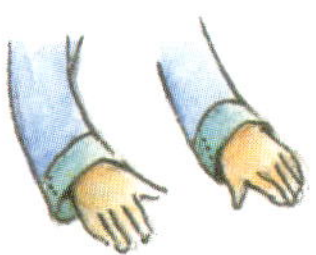 aus, als

würde er ebenfalls  lesen.

Der  faltet die 

zusammen. Er ballt die 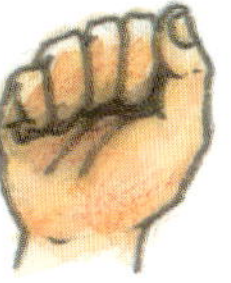

und droht Coco mit seinem.

Auch der  tut so, als falte 

er eine  zusammen.

Und auch er ballt die 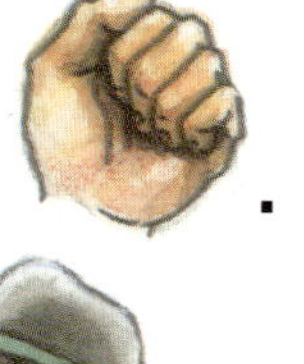.

Wie in einem  .

Plötzlich muss der 

lachen. Er hebt den  und

geht kopfschüttelnd weiter.

Einem  kann man eben

nicht böse sein.

Auf den Hund gekommen

Dem  geht heute einiges

schief. Zuerst ist ihm seine

liebste  vom 

gefallen. Dann hat er mit

dem  sein 

verbrannt. Und ein  ist

ihm auch noch abgerissen.

Coco holt 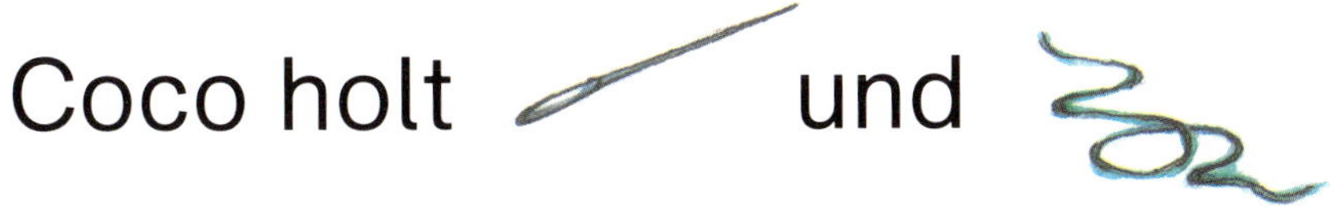 und

und näht den  schnell

wieder an. Dabei sticht er sich

in den  und braucht auch

noch ein 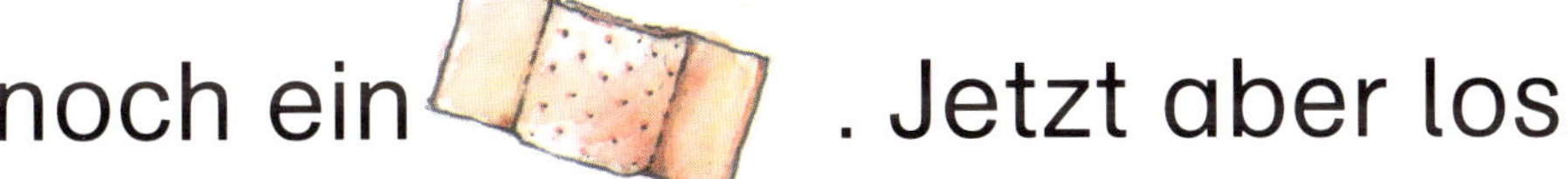 . Jetzt aber los.

Er schlüpft hastig in seinen

linken  und bindet

eine . Dann in den

rechten . Der  reißt.

Mit dem in der

rennt Coco zum . „Kann

mir jemand einen 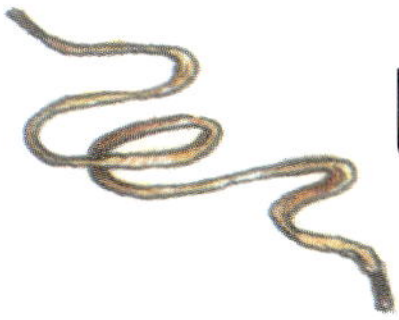 leihen?“

„Nimm meinen“, sagt der  .

Er macht seinen  auf.

„Coco, du bist dran!“, ruft

der  ungeduldig. Da kommt

Bonzo, der  der  .

Er schnappt sich Cocos 

und läuft in die  .

Der  hört die 

lachen. Er humpelt hinterher.

Bonzo hat den  zwischen

den   und nagt mit seinen

scharfen  daran herum.

Coco schleicht sich an.

Als er nach dem 

greift, rennt Bonzo davon.

Immer und immer wieder.

Die  klatschen und

trampeln mit den 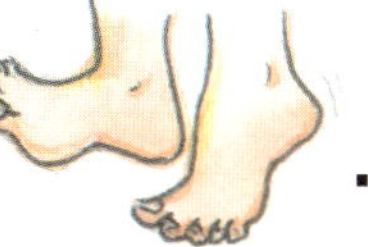.

Sie glauben, der  und

der geklaute  gehören

dazu. Vielleicht sollte der 

immer mit Bonzo auftreten?

In letzter Sekunde

Nur ein einziger strahlt die an. Hoch über der tanzt sie auf ihrem . Die auf ihrem glitzern und funkeln golden. Bewundernd schaut ihr der zu.

Die  schreitet mit einem

in der 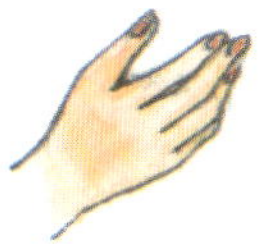 hin und her. Dann

fährt sie mit einem 

über das straff gespannte 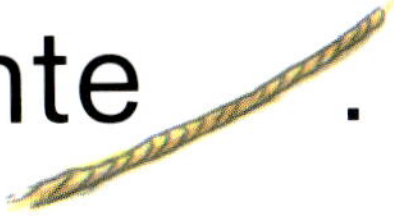 .

Alle klatschen begeistert.

Nur Coco nicht. Er hat etwas

gehört. Ob mit dem etwas

nicht stimmt? Jetzt verbindet

sich die 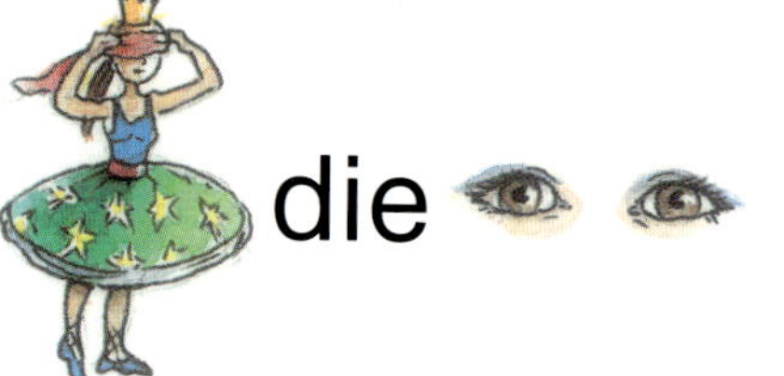 die .

Es wird ganz still im .

Nur noch die  wird

leise geschlagen. Vorsichtig

setzt die  einen 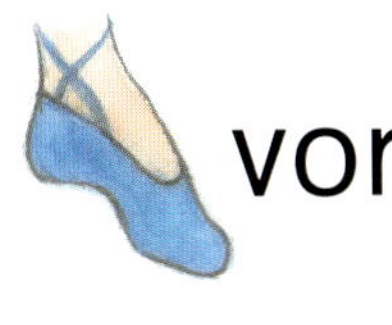 vor

den anderen. Wieder knackt es.

Jetzt ist der  ganz sicher.

Das  wird reißen. Niemand außer ihm hat es bemerkt. Coco klettert schnell die  hinauf. Verwundert schauen ihm alle zu. „Nimm dein  ab und geh weiter!“, ruft der . Schon ist er oben. Er streckt der  seine  entgegen und packt entschlossen zu.

Peng! Das 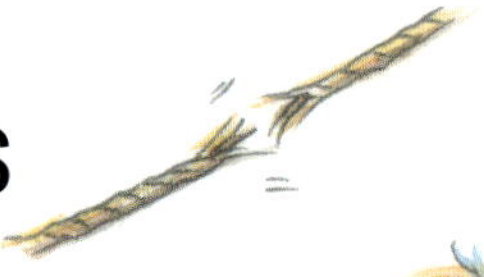  reißt!

Coco zieht die  gerade noch

zu sich. Alle klatschen wie wild

und jubeln dem  zu.

Eine zauberhafte Nummer

„Unser ist krank“, sagt der zu Coco. „Du musst für ihn einspringen.“ „Aber ich kann doch gar nicht zaubern“, antwortet der . „Hier ist sein , sein und sein “, sagt der .

Dann lässt er Coco allein.

Das [Buch] des [Zauberers] ist

streng geheim. Deshalb zieht der

[Coco] die [Vorhänge] zu.

Er blättert im [Buch] und sucht

sich aus, was er zaubern könnte.

Coco liest, wie man ein  aus

dem 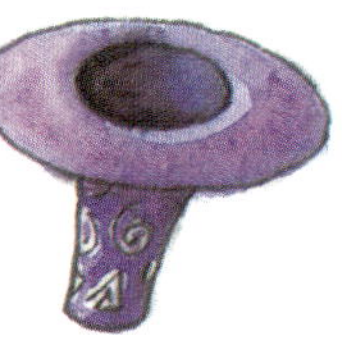 zaubert und wie

man einen 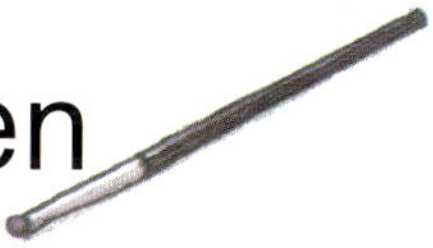 in einen 

verwandelt. „Mal sehen, ob das

auch klappt“, sagt der  .

Er streicht über den

und hat – Simsalabim! –

einen  in der 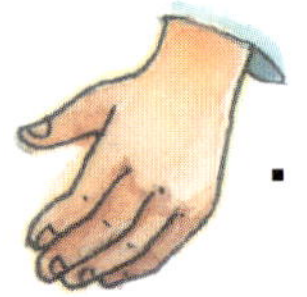.

Es funktioniert tatsächlich.

Coco übt, bis er auftreten muss.

Trotzdem ist er aufgeregt, als

er mit  und in

die tritt. Auf einem

liegt das dicke  des .

Coco tut so, als hätte er

das  noch nie gesehen.

Neugierig schlägt er es auf.

„Hoppla!“, ruft er, als ihm

ein entgegenspringt.

Der nimmt den

ab und setzt das hinein.

Er setzt den  wieder

auf. Dabei rieseln ihm

dicke 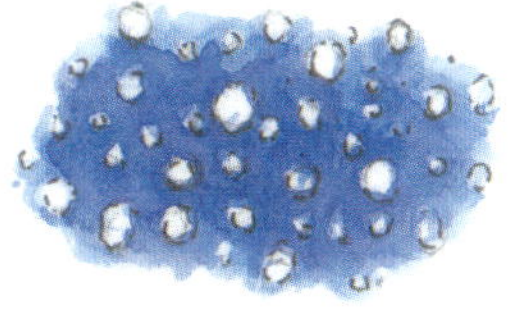 auf den .

Das  ist verschwunden.

Als Coco das  unter

dem  wiederfindet,

lachen die  . Der 

verwandelt den  in eine  .

Damit lockt er das 

aus der  . Die 

sind begeistert. Sie haben nicht

einmal gemerkt, dass Coco

gar kein richtiger  ist.

Notbremse

Der  reist ab. Noch einmal ziehen die  durch die 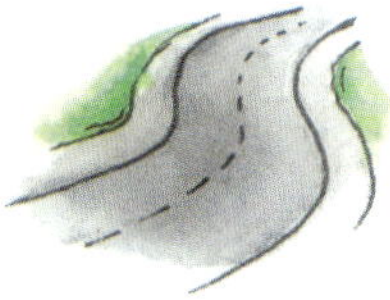 . Viele  winken hinterher. Der  verabschiedet sich mit riesigen 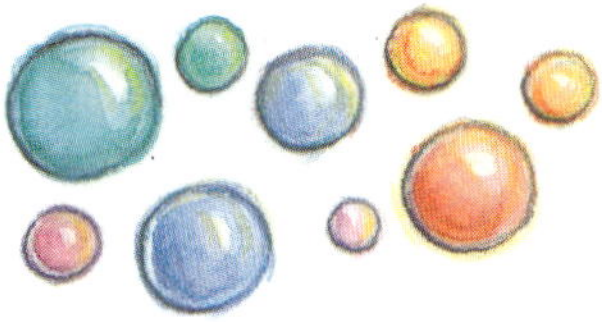 . Die  werden auf einen  verladen.

Es dauert lange, bis alles

im  untergebracht ist.

Schließlich steigt auch Coco

ein und stellt sich ans .

Ein  winkt ihm zu.

Der  winkt mit einem  bunten zurück. Der hat einen  . Plötzlich rennt er los und steigt in den  . Schon hebt der die und pfeift.

Die  schließen sich.

Der  fährt an. Der 

erschrickt. „Ich will doch

gar nicht mitfahren!“, sagt er

und fängt an zu weinen.

Der  fasst sich ein .

Er zieht die 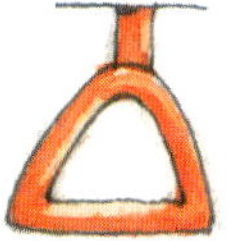.

Quietschend hält der 

wieder an. Mit finsterem 

kommt der  angerannt.

„Was soll das? Wieso ziehen

Sie die  ?“ Coco zeigt

dem  den weinenden  .

Schon klopft von außen

eine  gegen das  .

„Mama!“, ruft der .

„Na ja, wenn das so ist“, sagt

der  verständnisvoll.

Schnell bringt er den  aus

dem 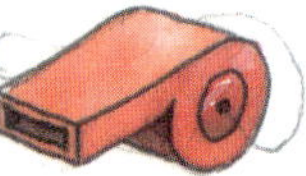. Noch einmal lässt er

schrill die  ertönen. Jetzt

fährt der endgültig ab.

Die Wörter zu den Bildern:

 Zirkus

 Clown

 Plakate

 Kinder

 Pferde

 Elefanten

 Kamele

 Traktor

 Zirkuswagen

 Zirkusdirektor

Zauberer

 Käfige

 Löwen

 Tiger

 Tür

Schild

Mann

Augen

Nase

Schuhe

Mädchen

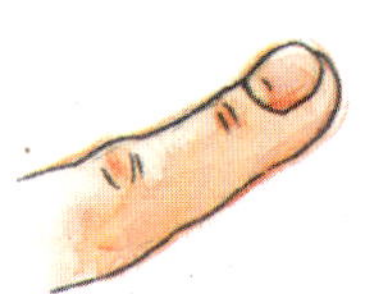

Finger

Mund

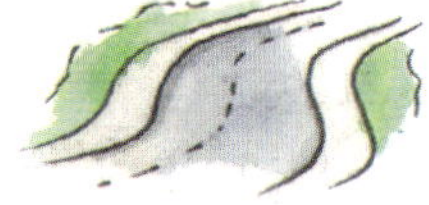

Straße

Frauen

Taschen

Junge

Hund

Leine

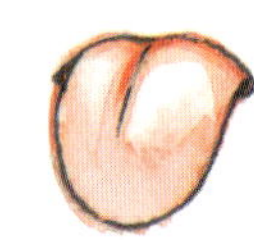

Zunge

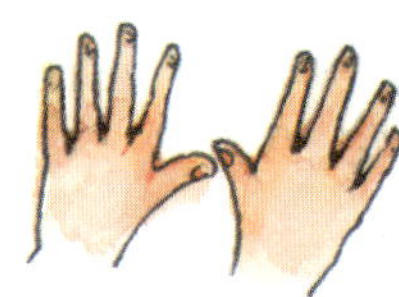

Hände

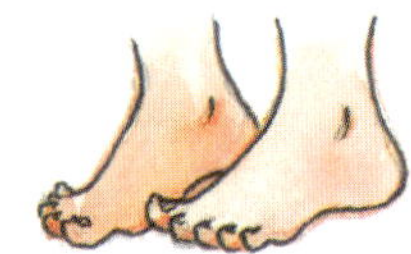

Füße

Po

Anzug

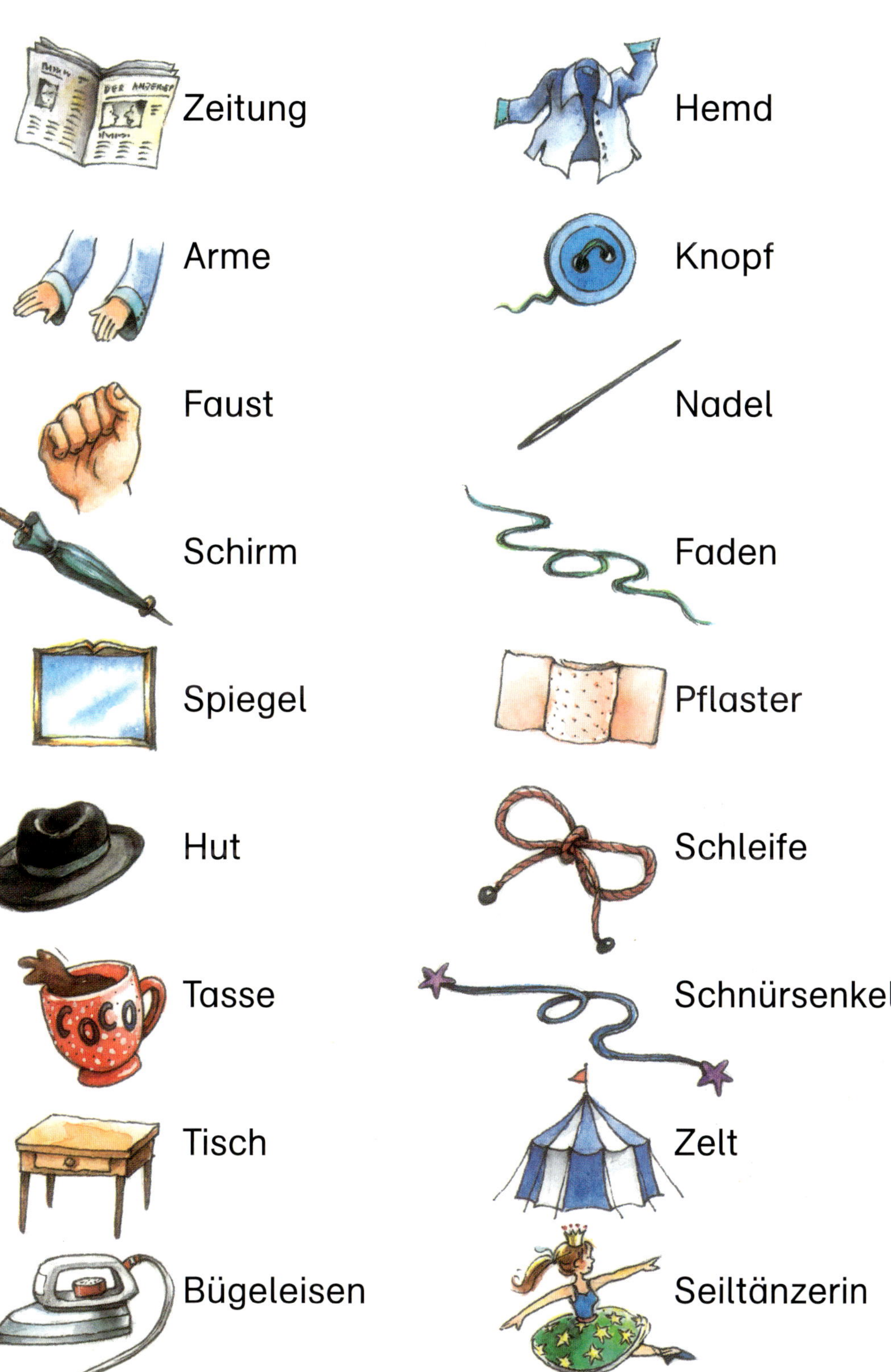
Zeitung
Arme
Faust
Schirm
Spiegel
Hut
Tasse
Tisch
Bügeleisen
Hemd
Knopf
Nadel
Faden
Pflaster
Schleife
Schnürsenkel
Zelt
Seiltänzerin

 Manege

 Zuschauer

 Pfoten

 Zähne

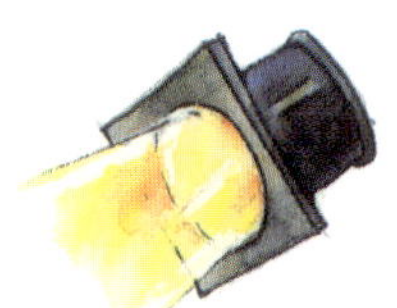 Scheinwerfer

 Seil

 Sterne

 Kleid

 Fahrrad

 Trommel

 Leiter

 Tuch

 Buch

 Zylinder

 Zauberstab

 Vorhänge

 Kaninchen

 Blumenstrauß

Frack

Fenster

Schneeflocken

Schaffner

Kopf

Herz

Karotte

Notbremse

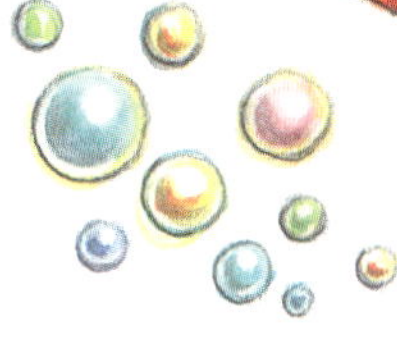

Seifenblasen

Gesicht

Zug

Pfeife

Werner Färber wurde 1957 in Wassertrüdingen geboren. Er studierte Anglistik und Sport in Freiburg und Hamburg und unterrichtete anschließend an einer Schule in Schottland. Seit 1985 arbeitet er als freier Übersetzer und schreibt Kinderbücher.

Regine Altegoer, 1963 in Bonn geboren, studierte Grafik-Design mit dem Schwerpunkt Buch-Illustration in Münster. Danach arbeitete sie in einer Frankfurter Werbeagentur. 1992 machte sie sich selbstständig. Seitdem illustriert sie für verschiedene Verlage Kinder- und Jugendbücher und arbeitet außerdem als freie Illustratorin für Werbeagenturen.

Kurze Geschichten rund um eine beliebte Figur

Geschichten von der Hexe Hortense

Geschichten vom kleinen Maulwurf

Geschichten vom Förster Fridolin

Geschichten vom kleinen Weihnachtsmann

Geschichten vom Gespenst Gundula

Geschichten vom Cowboy Billy

Geschichten vom kleinen Polizisten

Geschichten vom kleinen Seehund

Geschichten vom Baggerführer Berti

Geschichten von der kleinen Katze

Geschichten vom Drachen Dragomir

Geschichten vom kleinen Piraten

Geschichten vom Pony Panino

Geschichten von der Tierärztin Tina

Kleine Geschichten vom Feuerwehrmann Florian

Geschichten von den lustigen Zahlen

Kleine Geschichten von der Prinzessin Pia

Kleine Geschichten vom Bären Bruno

Kleine Geschichten von der Nixe Nicky

Kleine Geschichten vom Igel Ingo

Loewe